지난 줄거리

아루루와 웨어울프의 대활약으로 연합군은 위기를 넘기고, 다급해진 가짜 세계수는 검사 바이칸을 봉인에서 해제하지만, 바이칸은 가짜 세계수의 명령을 거부하고 무차별로 공격하기 시작한다. 도도는 〈지옥의 수선화〉를 발동시키고 도망가는 가짜 세계수를 물리친 후 사막고래의 도움으로 극적으로 탈출한다. 한편 혼테일은 주카를 보호하느라 바이칸과 제대로 겨루지 못하고, 결국 파풀라투스가 바이칸을 차원이동시킨다. 다시 모인 도도 일행은 암리타를 찾아 미나르 숲으로 갈 것을 결정하고, 때마침 주카를 찾아온 혼테일은 자신과 한 약속을 지키라고 하는데…!!

코믹 메이플스토리 오프라인 RPG 37

• 1판 1쇄 인쇄 | 2009년 12월 5일 • 1판 1쇄 발행 | 2009년 12월 20일 • 글 | 송도수 • 그림 | 서정은 • 발행인 | 유승삼 • 편집인 | 이광표 • 편집팀장 | 최원영 • 편집 | 이은정, 방유진, 이희진, 오혜환 • 표지 및 본문 디자인 | design86 • 마케팅 담당 | 홍성현 • 제작 담당 | 이수행 • 발행처 | 서울문화사 • 등록일 | 1988. 2. 16. • 등록번호 | 제2-484 • 주소 | 140-737 서울특별시 용산구 한강로 2가 2-35 • 전화 | 7910-0754(판매) 799-9147(편집) • 팩스 | 749-4079(판매) 799-9300(편집) • 인쇄처 | 서울교육 ISBN 978-89-532-9437-0(세트) 978-89-263-9019-1

코믹 메이플스토리는 인기 온라인 게임 메이플스토리의 캐릭터를 이용하여 만들어진 코믹북입니다.
www.maplestory.com

캐릭터 소개

도도

명랑 쾌활 긍정적인 성격으로 영웅을 꿈꾸는 전사. 불의를 보면 참지 못하는 정의파.

아루루

다소 무뚝뚝한 성격이지만 뛰어난 운동신경과 명석한 두뇌를 지닌 솔선수범 행동파.

델리키

수줍음 많고 얌전한 성격이지만 메이플 최고의 마법사가 되기 위해 항상 노력하는 열정파.

바우

지나치게(?) 씩씩하고 활발한 성격으로 어떤 상황에서도 자신감이 철철 넘치는 당당한 소녀.

슈미

세계수의 딸로서 세상을 다시 평화롭게 만들라는 사명을 지닌 용감하고 지혜로운 소녀.

주카

와일드카고 족의 공주. 호기심 많은 성격으로, 인간으로 변신할 수 있는 능력이 있음.

카이린

바다의 귀족답게 공주 기질이 있지만 두둑한 배짱과 쌍권총 실력이 일품인 천방지축 소녀.

혼테일

강력한 힘과 위엄으로 주위를 압도하는 절대마룡. 주카에 대한 애틋한 마음을 품고 있음.

Quest
180
미나즈, 어둠의 땅

어허허~ 주카가 혼테일과 맺어진다면 우리 와일드카고 족을 넘볼 자 아무도 없겠지~?

끼이익

*시조신이신 카고 왕자님, 세인트캣 공주님…

*시조(始祖) : 한 겨레나 가계의 맨 처음이 되는 조상.

전통에 따라 공주의
혼인 *신탁을 받으러
왔습니다.

*신탁(神託) : 신이 사람을 통하여 자신의 뜻을 나타내거나 물음에 답하는 일.

어서 신탁을
내려주옵소서!

넙죽

아…
왜 이렇게 졸립지?

빨리 신탁을 받고
가야 하는데….

스르륵

신… 탁….

x

〈코믹 메이플스토리〉를 통해 전하는 내 마음! ♥
학원과 학교 때문에 스트레스가 쌓이지만 용돈을 탈탈 털어서 산 〈코믹 메이플스토리〉 덕분에
스트레스가 싹~ 달아나요!!^^ (황지민 | 경기도 일산시 동구)

x

와일드카고 족의 왕이여,
신탁을 내리겠노라!

어떻게 여길…!!

그렇지 않아도
구해주셔서 감사하다는
말도 못 하고 죄송….

약속을 지키면 돼.

널 돕겠다.
한 가지만
약속한다면…!

내가 원할 때
언제든 곁에 있어줘!

하지만… 저 같은 애가 혼테일 님께 무슨 도움이….

여행을 떠날 생각이야. 그런데 문제는, 내가 워낙 오랜 세월 잠들어 있었기 때문에 요즘 *실정에 어둡다는 거지. 그래서 길동무가 필요해.

그런 일이라면…,

유능한 여행 안내인을 구해드리겠어요.

*실정(實情) : 실제 사정이나 형편.

네가 아니면 안 돼. 네 친구와 관련된 여행이거든.

세계수의 딸이 가는 길을 따라 걷는….

해칠 생각은 없으니까
너무 놀라지 마. 난 그저 멀지도
가깝지도 않게 조용히 뒤만
따를 거야. 그러다가 그 애가
암리타를 찾는 순간…!

도대체
왜 암리타를
손에 넣으려는
거죠?

암리타는…
내가 태어난
이유니까….

가자.

아뇨!

저는 이미 제 친구들과 암리타를 찾는 일에 모든 것을 걸겠다고 약속했어요.

그래서 저는 혼테일 님을 도울 수 없습니다.

약속? 약속은 나와 함께 한 게 먼저야.

아득한 옛날… 넌 나와 약속했어. 기억 못 하겠지만….

예?

리프레로 가자. 여행은 거기서 시작될 거야.

주카, 명심해.
지금이 바로 나와의
약속을 지킬 때라는걸!!

안 된다!!

주카야,
따라가선 안 된다!

아… 아빠…!!

잊었나?
내가 그대의 목숨을
구했다는 것을!!

차라리
내 목숨을 가져가시오.
우리 주카는 안 되오!

<코믹 메이플스토리>를 통해 전하는 내 마음! ♥
이 세상에서 이렇게 재미있고 신나는 책은 <코믹 메이플스토리> 외에는
아마도 없을 거예요~!! 코메는 재미 대박!! (전상건 | 경기도 안성시 금산동)

주카야, 우리 와일드카고 족은
아홉 번 환생한다는 걸
알고 있지? 아득한 옛날,
어느 생에서
혼테일과 너는…!!

파

아빠!

이게 무슨
짓이에요?!

주카, 뭐 해?
애들 기다리는데~!!

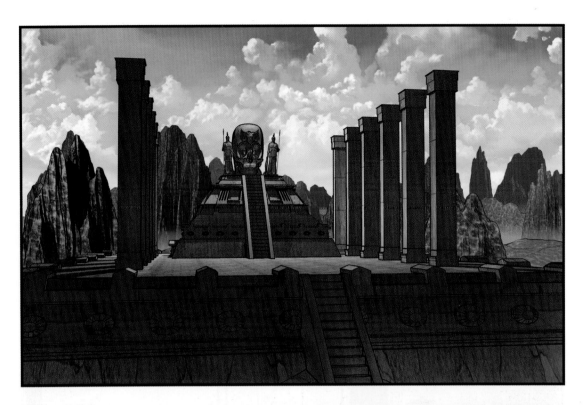

<〈코믹 메이플스토리〉를 통해 전하는 내 마음! ♥>
다음 편의 내용이 언제나 궁금하고, 친구들과의 우정을 깨닫게 해주는 책입니다.
(한승완 | 서울시 동대문구 이문2동)

어서 와, 흑태자.

너는…?!

아니지, 이젠…
델리키라고
불러야겠네.

놀랄 것 없어.
그날 지하던전을 겨우
탈출한 후…

중앙광장에서 한숨 돌리고 있는데…,

너에게 남기는 마지막 말이니 잘 듣거라.

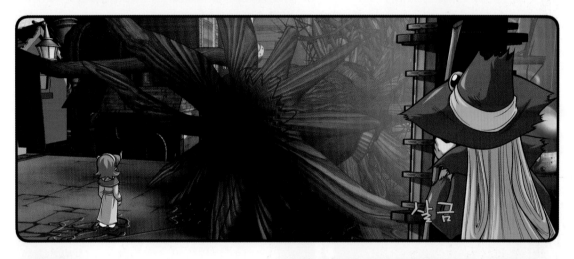

스승님께서 사랑하는 제자 델리키에게 유언을 남기고 계시더라고~!!

왠지 불길한 예감이 드는걸.

〈코믹 메이플스토리〉를 통해 전하는 내 마음! ♥
이 책을 읽으면서 도전정신이 생겼습니다. 〈코믹 메이플스토리〉는 친구들과의 우정과
모험심을 느끼게 하는 유익한 책입니다. (문지혜 | 인천광역시 서구 가좌3동)

어찌나 감동적이던지~!
수제자 델리키 님, 유산은
당장 확인하실 거죠?

사다리…?!

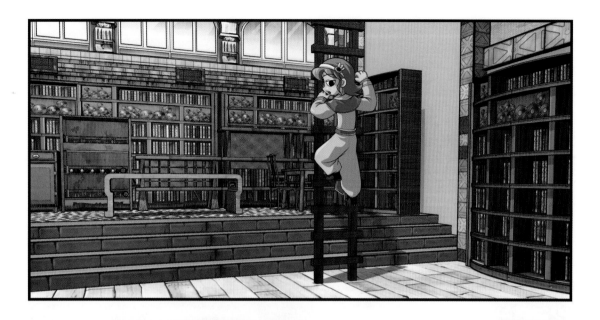

어때, 굉장하지?
스승님께서 모아놓은
마법 자료들이야.

아......!

세상에~! 이 모든 게
수제자 델리키 님을
위한 거라니~.

스승님….

아직 감격하긴 일러.
저길 봐!

저건 혹시…
〈마법의 뇌〉?

맞았어! 〈아카식 레코드〉가
고스란히 저장되어 있다는
전설 속의 보물이지.
저렇게 실제로 존재할 줄
누가 알았겠어?

그럼 이 안에
내 기억이…?!

어때,
내 환각 스킬이?

〈마법의 뇌〉
어디 있어?!

어디 있긴~ 나만
아는 곳에 꽁꽁
숨겨뒀지.

어디야? 당장
말해, 어서!!

워워~, 일단 진정하고
대화로 풀어보자고~.

〈코믹 메이플스토리〉를 통해 전하는 내 마음! ♥
내 단짝에게 잘해줘야겠다는 마음이 들 정도로 우정의 소중함을 일깨워 주는
〈코믹 메이플스토리〉!! 100권까지 나오면 좋겠어요~! (이지연 | 경기도 용인시 기흥구)

좋아, 좋게 얘기할 때 털어놔!

공짜로? 그건 안 되지.

뭐야?

셋 셀 동안 말하지 않으면 없애 버리겠어!

하나, 둘, 셋… 타임아웃!

뭐 해? 없애 버린다며?

대체 원하는 게 뭐야?

이제야 말이 통하는걸~.

솔직히 〈마법의 뇌〉 따위엔 관심 없어. 그건 대마법사 레벨이 되어야만 열어볼 수 있는 거니까.

근데 왜 감춘 거야?

다른 데 관심이 생겼으니까~!

우연히 스승님이 쓴 글을 보았어. 아주 흥미 있는 부분이 있더라고~!

자이언트 우드의 반지!!

그건 슈미가 갖고 있는…!

너 이 반지의 정체를 알아?

나도 자이언트 우드가 만들었다는 것밖에는 몰라. 하지만 스승님께서 왜 그토록 두려워하셨는지 궁금하긴 했어.

〈코믹 메이플스토리〉를 통해 전하는 내 마음! ♥

지금까지 나온 〈코믹 메이플스토리〉를 다 모았어요! 매 권마다 재미있고, 좋은 책을 만들어주셔서 감사합니다!! (김규리 | 경기도 용인시 상현동)

놀라지 마.
이 반지는…

하늘의 돌이야!

그게…
사실이야?

그래!

우주의 모든 마법에너지와
마법창조물들을 지배한다는
전설의 물질! 그래서
마법으로 창조된
스승님이
두려워하셨던
거구나….

내게 뭘 원하냐고
물었지? 바로 이 손가락에
자이언트 우드의 반지를
끼는 거야. 그렇게만 되면
〈마법의 뇌〉로 네 기억을
되찾아 줄게.

기운들 내! 그렇게 축 처져서 무슨 수로 암리타를 찾고 주카를 구할 거야?

그런데 주카가 정말 미나르숲에 있을까?

혼테일에게 끌려갔다면 틀림없어! 분명 암리타를 노리는 눈치였으니까.

에휴… 난 울며불며 정령계로 떠나던 뚱스턴이 자꾸 마음에 걸려.

흑태자가 소환한 정령이잖아. 흑태자가 없으니 어쩔 수 없지 뭐.

용서 못 해,
혼테일…!

근데 우리 이제
어디로 가?

작은새한테
물어보자.

벌써 물어봤어.

암리타는
〈생명의 동굴〉에
숨어 있대.

저기요, 〈생명의 동굴〉이
어디 있어요?

글쎄다…? 이곳에서
오래 살았지만 그런
이름은 처음 듣는구나….

이상하네…?

잘못 가르쳐 준 거 아냐?

다시 한 번 물어봐.

더이상은 모른다는데…?

저기에 물어보자!

미나르숲 최고의 촌장 겸 점쟁이 타타모 무엇이든 물어보시오. 상담료 5천메소

바우야, 그만둬!

안녕하세요! 저희가 이곳에 놀러 왔는데, 길을 몰라서요. 가르쳐 주실 수 있죠?

미나르숲에 놀러와? 놀 데가 어딨다고? 리프레를 뺀 대부분의 지역이 인적 없는 숲이나 계곡이고, 몬스터만 득실대는 어둠의 땅인데…

어쨌든요, 우리가 어딜 찾느냐 하면…

스톱!

미나르숲 최고의 촌장 겸 점쟁이 타타모 무엇이든 물어보시오. 상담료 5천메소

척

간단한 건데 그냥 공짜로 해주시면…

안 돼!

돈은 없는데….

그럼 가!

길 좀 물어보는 건데… 너무하지 않냐?

수군 수군

아! 돈 대신 보석은 어때요?

웬 보석…?!

좋~지! 꺼내 봐.

보석 같은~ 내 얼굴~ ♪♬

빨라딱

꼬마야…!

네?

네 얼굴은 보석이 아니라 호박이야! 거울도 안 봐?

삐지직

으으… 나보고 호~박~?!

푹쉬쉭

꾹즐

꾹즐

큰일났다…!

점 보러 왔는데요….

떽—!!
먼저 온 손님 안 보여?!

꽥 꽥

다시 한 번 말해봐요,
내 얼굴이 뭐라고요?

크으….

나, 나무진이 굳어서
된 예쁜 보석이
호박인데….

말도 안 돼…!!

그렇죠~ 제가 좀
예쁘죠~?

너같이 예쁜 애한텐
무조건 공짜야!
뭘 찾는다고 했지?

얼른 쫓아버리는 게
살 길이야!

〈생명의 동굴〉이요!

너…, 〈생명의 동굴〉이
뭔지 알고나
묻는 거냐?

모르니까 묻죠.

그건 전설에 나오는 동굴이야.
아득한 옛날, 자이언트 우드 님이
숨어서 마법을 연구했다는 곳이지.

네엣?

글쎄 전설이든 뭐든
어디 있는지나
어서 말해주세요.

전설이라니까!

그러니까
〈생명의 동굴〉이
어디 있느냐고요!

어휴~
답답해!

아이고~
답답해!

둘 다
왜 저러는 거야?

안 되겠어. 말이
안 통하잖아… 아, 그래!

리프레 동남쪽 〈하늘둥지〉에
가면 대대로 터잡고 사는
마법사 가문이 있다.

미나르숲에 관해 모르는 게 없는 분들이니까 네 궁금증을 틀림없이 풀어줄 거야.

그 가문 이름이 뭔데요?

〈델〉 가문!!

바우야, 왜 그래?

몰라. 갑자기 심장이 쿵~ 내려앉는 것 같아….

이제 됐지? 어서들 가렴….

5천 메소를 줘야 가죠.

내 질문에 대답 못 하고 다른 사람을 소개해준 거 잖아요. 그러니까 5천 메소를 돌려줘야죠, 네?

애가 사람 잡네~. 언제 나한테 5천 메소 줬어?!

줬잖아요!!

언제…?

좀 전에… 보석 같은 내 얼굴을 보여줬잖아요~.

우리 계산은 분명히 하자고요! 어서 5천 메소 줘요!

옜다! 대신 앞으로 다시는, 영원히, 절대로, 억만년이 지나도 내 앞에 나타나지 마라!

넵!

보석 같은~ 내 얼굴~ 예쁘기도 하지요~ ♪♬

이 상황에서 노래가 나올까…?

바우잖아~!

어젯밤에 꿈자리가 사납더니 이런 봉변을….

달그락
달그락

아니
웬 역마차?

코믹 메이플은요~ ♥

마음속에서 우러나오는 우정! 그런 진실된 우정이 〈코믹 메이플스토리〉가 아닐까요?
그 모습 그대로를 사랑하는 우정 말이에요…. (강승미 | 제주도 제주시 상도1동)

말이 몹시 지쳤구먼.
대체 어디서 오셨수?

오르비스.

그 먼 데서 이걸 타고?
비행정이 하늘을 획획 날아다니는
세상인데… 거 참 희한하구려.

동행이 없었다면
나 역시
날아왔을 것이다.

드…
드래곤이다!

말이 지쳐
못 움직이니 돌봐주게.
사례는 두둑이 하지.

근처에 하룻밤
묵을 만한 곳이 있나?

저, 저쪽으로
조금만 가면….

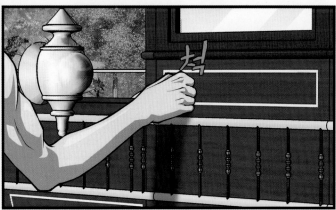

도망치지 않겠다고
약속하면 사슬을
풀어주마.

아뇨,
도망칠 거예요!

혼테일이
암리타를 빼앗으러
뒤쫓고 있다고
친구들에게
알릴 거라고요!!

어머, 혼테일 님!!

저 자가…
혼테일?!

마가티아
던전에서도 봤지만
얼굴이 완전
예술이시네용~!

흑태자와
라케니스…?
얘들이
미나르엔
웬일이지?

주카가 혼테일에게
끌려가다니…
무슨 일이지?

내 정체를 안다면…,

알다마다요!
엄청난
광팬이랍니다~.

〈코믹 메이플스토리〉를 통해 전하는 내 마음! ♥
앞으로도 더욱더 재미있고 스릴 넘치는 〈코믹 메이플스토리〉를 많이
만들어주세요~! (김서라 | 전남 여수시 여서동)

그럼 방해하는 것들을 파리 목숨처럼 여기는 것도 잘 알겠군.

철컹 철컹

어디로 가려는 거지?

내가 아냐?

미나르숲 최고의 촌장 겸 점쟁이 타타모 무엇이든 물어보시오 상담료 5천메소

미나르숲 최고의 촌장 겸 점쟁이 타타 무엇이든 물어서오 상담료 5천메소

상담료 5천메

꼬맹이 손님은 안 받아! 좀 전에도 이상한 애들이 몰려와 금쪽같은 내 돈 5천 메소를….

애들이라고요?

이제 알겠어요.
날 인질로 삼아
내 친구들을
협박하려는 거죠?

어디 가는 거지?

화장실이요….

아, 아파….

풀어줘요!!

안 돼.

왜… 왜 그래?

발이 얼마나
아픈 줄 알아요~?
내 발~~!!

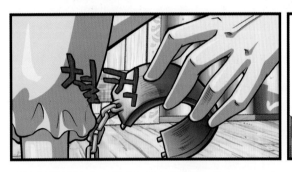

서툰 짓 하면
혼날 줄…

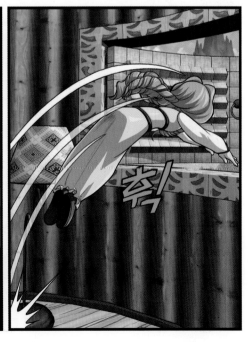

<코믹 메이플스토리>를 통해 전하는 내 마음! ♥
전 <코믹 메이플스토리>가 없으면 마음이 허전해요. 왜냐하면 <코믹 메이플스토리>는
저의 모든 것이기 때문입니다!! (이현욱 | 대구시 달서구 송현1동)

속깨나
썩이는군.

우리 자주 보네요.

주카가 말썽을
피웠나봐요? 수면가루로
잠깐 재운 거니까 너무
걱정 마세요.

혼테일 님, 저희와
동행하실래요?

〈코믹 메이플스토리〉를 통해 전하는 내마음! ♥

〈코믹 메이플스토리〉는 아이들에게 인기짱인 책입니다. 앞으로 이 〈코믹 메이플스토리〉가
더욱 재미있어지고 발전했으면 좋겠습니다. (이송현｜대구광역시 남구 봉덕1동)

방해 말라고 경고했을 텐데…?

저희도 슈미를 쫓고 있어요. 그렇다고 암리타를 노리는 건 아니니까 안심하시고….

주카는 제가 맡을게요. 절대로 도망 못 가게…!!

아참!! 슈미 일행이 어디로 향했는지는 알고 계세요?

생명의 동굴… 우선 하늘둥지에 들러서….

아무튼 잡스런 스킬엔 도가 텄어.

어때요, 이만하면 쓸만한 동행 아닌가요?

됐어!
솔깃한 눈치야.

되긴 뭐가 돼?
난 혼테일과
다니기 싫어!

야! 우리 힘만으로 도도, 바우,
아루루, 카이린을 물리치고
슈미의 반지를 빼앗을 수
있을 것 같아?

으….

지금 상황에선 혼테일한테
빌붙는 게 최선이라고! 그러니까
입 다물고 따라오기나 해!

그런데 너…
혼테일에 대해서
어떻게 그렇게 잘 알지?

훗~ 왕궁에 있을 때
주카 방에 몰래
들어갔었어.

그때 이걸 설치해뒀는데,
덕분에 주카와 혼테일이
얘기하는 걸 엿들었지
뭐야. 호호호~!

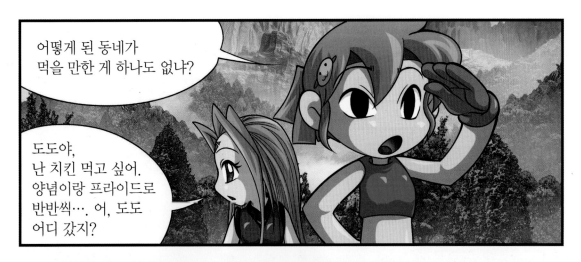

어떻게 된 동네가
먹을 만한 게 하나도 없냐?

도도야,
난 치킨 먹고 싶어.
양념이랑 프라이드로
반반씩…. 어, 도도
어디 갔지?

이건…!

말발굽 소리야!!

아싸~, 말고기다!

고기다, 고기!!

〈코믹 메이플스토리〉를 통해 전하는 내 마음! ♥
저는 고등학교 입학을 앞두고 있는 중3이라 선생님들께서는 소설 위주로 책을 읽으라고
하시는데요~, 〈코믹 메이플스토리〉만은 안 볼 수가 없네요~. 항상 저에게 재미를
안겨주시는 작가님들~ 감사합니다! (문예슬 | 경북 김천시 삼문면)

너희들은
〈켄타우로스 마적단〉의
영역을 침범했다!!

예전에 아빠한테
켄타우로스족에 대해
들은 적이 있어.

무척
사나워보이는데…?

아냐, 명예를
중요하게 생각하는
신사적인
부족이랬어.

안녕하세요? 저는
〈바다의 귀족〉 테스토넨의
딸, 카이린이라고
합니다.

테스토넨 님의 딸?

이렇게 반가울 데가!
네 아빠하곤 오래 전에
만난 적이 있다.

네, 저도 들었어요.

처음엔 적으로 만났지. 우리 마적단의 *행패를 견디다 못한 미나르숲 주민들이 너희 아빠를 모셔왔거든.

테스토넨 님은 역시 강하더구나. 우린 도저히 그분을 이길 수 없었단다. 그래서 결국 무릎을 꿇었지….

*행패 : 체면에 벗어나는 난폭한 짓을 함.

하지만 금세 화해하고 친구가 되셨다면서요?

그거야 네 아빠가 무서워서 그런 척 한 거지!!

예?

띨~

그날 이후 잠시도 복수를 잊은 적이 없다!

이글 이글

〈코믹 메이플스토리〉를 통해 전하는 내 마음! ♥

더욱 흥미진진해지는 〈코믹 메이플스토리〉!! 앞으로의 내용이 너무 궁금해요.).〈 (박정오 | 경북 포항시 남구)

저들을
체포하라!

후유~. 하마터면
쌀 뻔했네.

어? 애들이
어딜 갔지?

도도, 어디 갔다가
이제 오는 거야?

으응?
너무 급해서….

애들이 모두
마적단에게
끌려갔단 말이야!!

팔각

달그락

나 때문에
괜히… 미안해.

걱정 마~!
애들이 곧 구하러
올 텐데 뭐.

맞아, 아루루는
도망갔잖아.

달각

달그락

달각

<코믹 메이플스토리>를 통해 전하는 내 마음! ♥

저는 <코믹 메이플스토리>를 통해 형과 싸우지 않고 사이좋게 지내는 법을 배웠어요.
저와 형의 좋은 사이를 위해 많이 만들어주세요. ^^ (김채완 | 전남 순천시 연향동)

동지들이여,
원수의 딸을
잡아왔노라!!

축제를
준비하라―!!

내 친구들은 아무 죄가 없으니 어서 풀어주세요!

카이린, 무슨 소리야? 우린 안 갈 거야!

바우야…!!

음… 꼬맹이들 주제에 제법 의리가 있군.

축제 음식을 놓칠 순 없다고!

맞아!

술과 음식을 내오너라! 실컷 먹고 마신 다음, 원수의 딸을 처형하겠노라!

메뉴가 뭘까?

나는 양념 반 프라이드 반~!

쏴

쏴

쏴

쏴

애들아…! 먹은 다음의 일은 걱정 안 되니…?

〈코믹 메이플스토리〉를 통해 전하는 내 마음! ♥

1권이 나왔던 초등학생 때부터, 중학생이 된 현재까지 계속 보고 있는 유일한 만화입니다. 앞으로도 재미있는 스토리가 계속 이어졌으면 좋겠습니다. (이유진 | 서울시 노원구 공릉2동)

어이~, 거기!
안 먹고 어디 가?

깜짝

슬금 슬금

으응, 배가
아파서
화장실에
좀….

화장실은
그쪽이
아니잖아.

아참, 그렇지!

야, 빨리 좀 가. 허리 끊어지겠어.

알았어, 조금만 더 참아!

저 녀석 수상한데…?

이봐, 잠깐…!

죄인들은 무릎을 꿇어라!

동작 그만! 모두 주목!

〈코믹 메이플스토리〉를 통해 전하는 내 마음! ♥

사랑하는 내 동생 민용아! 〈코믹 메이플스토리〉가 좋다고 〈코믹 메이플스토리〉만 보지 마~! 아무리 〈코믹 메이플스토리〉가 재미있다지만 누나 섭섭해!! (박은지 | 경기도 안산시 단원구)

위대한 켄타우로스족을 모욕한 네 아비의 죄를 네가 대신 갚는 것이다. 처형 방법은….

너와 싸우겠다!

재밌는 꼬마로군. 풀어줘라.

켄타우로스는
저렇게 큰데, 카이린
혼자서는 무리야!

크큭, 끝내는 데
몇 초나 걸릴지
우리 내기할까?

덤벼라!!
비겁함에 상대해주마!
말도 아니고 사람도
아닌 이 괴물 녀석아!

뭐, 뭐라고?!

이 건방진…!!

어디
던져 보시지!!
멋지게 피해
줄 테니까!!

뭐야, 왜 가만히
서 있지?

끝내주겠어—!!

이야압

카이린,
어서 던져!

어렸을 때 승마를
배운 덕분에 말의 *습성에
대해선 잘 알고 있어.
말은 덩치에 비해
엄청 소심해서…

*습성 : ① 습관이 되어버린 성질.
② 동일한 동물종(動物種)내에서 공통되는 생활이나 행동양식.

눈앞에 장애물이
갑자기 나타나면…,

어디로 던지는 거야?
완전히 얼었잖아~!

깔 깔

깔 깔

아무리 작은
것이라도 일단 멈추고
본다는 걸 말이야!

대, 대장님이…
기절했어!!

근데 이게
무슨 냄새지?

취

부, 불이다!

촫
촫

어서 불을 꺼!!

얘들아…!

어?

나야, 도도!!

도도…?

아루루는 이 안에 있어. 어서 올라타!

〈코믹 메이플스토리〉를 통해 전하는 내 마음! ♥

100억, 1000억을 준다고 해도 바꾸지 않을 〈코믹 메이플스토리〉!! 이렇게 재미있는
〈코믹 메이플스토리〉를 만들어 주셔서 감사합니다. (정현우 | 울산시 중구 서동)

어디 신(神) 노릇 하면서
빌붙어 살 만한
곳이 없을까?

엥?

큰불이
났나보네…?

어디선가 악(惡)을
부르고 있어!

씨익~

기다려라,
몽짜 님 나가신다~!

아빠한테 깨진 것도 모자라서 콩알만한 딸한테 또 당하다니…!!

참을 수 없어!!

꼭 복수하고 말 테다!

내가 도와줄까?

복수하고 싶다며?

다, 당신은 누구…?

〈코믹 메이플스토리〉를 통해 전하는 내 마음! ♥

다른 만화들은 많이 유치하지만 〈코믹 메이플스토리〉는 전혀 유치하지 않고 멋있어요!!
〈코믹 메이플스토리〉 파이팅!! (황세영 | 경기도 남양주시 별내면)

지금 중요한 건 그게 아닐 텐데? 복수하고 싶은 게 누구지?

테스토넨의 딸 카이린과 그의 얄미운 친구들이오!

원수는 외나무다리에서 만난다더니만…!

어떻게 도와줄 거요?

켄타우로스족인 너에게 딱 맞는 방법이 있지.

무슨…?

그리프와 합체하는 거야!

크크크

Quest 182 하늘둥지

해열제야.

싫어요!

고집 좀 그만 부려.
몸이 펄펄 끓잖아!

펄펄 끓다가
죽어버릴 거예요!!

쳇, 입 벌리고 강제로
넣으면 될 걸. 아주
생쇼를 하네~.

너 열나면
그렇게 해줄게.

라떼니스라고 했나?

네, 혼테일 님!

라케니슨데….

점쟁이 영감한테 가서 내가 맡겨놓은 마차를 찾아와.

아까부터 궁금했는데요….

주카를 안고 날아오면 될 텐데 마차는 왜 끌고 오신 거예요?

오르비스에서 출발할 때부터 열이 있었기 때문에 찬바람을 쐬게 할 수 없었어.

웬일이니~! 왕짜증이야!!

보통 정성이 아니군.

이젠 마차 싫어요!
멀미가 난다고요.
당나귀가 좋겠어요.
아주 느린 녀석으로…

얼씨구~!

당나귀를 구해와.
아주 느린 녀석으로…

어휴~ 짜증나!
혼테일은 왜
주카한테 꼼짝도
못 하는 거야?

암리타와 맞바꿀
소중한 인질이니까…

아니야, 분명 그 이상의
뭔가가 있어. 마치 헤어짐을
앞둔 연인들의 간절한
분위기랄까…

소설 쓰네~.

쯧쯧, 너 같은 꼬마가
사랑을 알겠니~?

갑자기 왜
바우 얼굴이…!

와~,
하늘둥지다!

하늘 둥지 입구

두둥

저 위에 마법사 마을이 있나봐!

에이, 설마~.

아니야, 도라지 신전도 구름 위에 있었잖아.

얘들아, 이것 좀 봐! 이상한 문자가 새겨져 있어!

가만… 이건 고대 엘프족의 문자잖아?!

정말이야?

당연하지! 내 몸 속에 엘프의 피가 흐르고 있다는 거 몰라?

바우야, 그럼 어서 해석해봐!

음, 이거 상당히 까다로운 내용인걸….

하늘둥지의 마법사를 찾는 나그네여, 해가 지기 전에 탑을 오르라! 어둠이 깔리면 탑은 영원히 사라지리니…!

컥!

큰일났다! 금방 해 질 텐데…!!

모두 서둘러!
해 지면 말짱
꽝이니까!!

아잉~ 너무
무서워!

이걸 언제
올라가냐?

얘들아, 거기서
뭐 하는 거냐?

하늘둥지 가는데요~?

하늘둥지는 왜?

마법사 마을에 가려고요!

뭐? 그 꼭대기에 무슨 마을이 있다고…!!

마을은 저 아래 있다. 위험하니 어서 내려와!

바우 너—!!

이상하네…? 엘프족 문자엔 분명히….

바우가 또 사고친 거야?

으…, 내려가는 게 더 힘들어.

으휴~, 내려가기만 해봐라!

에잇, 자꾸 그러면 나 안 내려간다?

<코믹 메이플스토리>를 통해 전하는 내 마음! ♥

공부하다가 머리가 아플 때면 <코믹 메이플스토리>를 봅니다.
그러면 머리가 다시 맑고 상쾌해집니다.^^ (장하늘 | 전북 전주시 완산구)

이런…, 괜한 일로 힘을 뺐구나. 나는 〈델맥스〉라고 한단다. 그냥 맥스라고 부르렴.

맥스 아저씨, 이거 고대 엘프족 문자 맞아요?

엘프족은 무슨…. 이건 미나르숲에서 쓰는 *토착 문자란다.

*토착 : 아주 옛날부터 그 땅에서 살거나 생겨나서 내려오는 것.

무슨 뜻인데요?

쓰레기 버리지 마시오….

우리 〈델〉 가문은 이곳에서 오랫동안 살아왔단다.

그런데 주민들은 모두 어디 갔어요?

허허, 여기 있잖니. 비록 나 한 명 뿐이지만.

그럼 이 집은 다 누구 거예요?

예진에 내게 마법을 배우던 제자들이 생활했던 곳이란다. 지금은 비어 있지.

그럼 요즘엔 제자를 안 기우시나뵈요?

그래…, 그 일이 있은 뒤로는….

그 일이라뇨?

〈코믹 메이플스토리〉를 통해 전하는 내마음! ♥

보면 볼수록 자꾸 빠져드는 〈코믹 메이플스토리〉!! 앞으로도 멋지게 만들어주실 거죠?
(박유진 | 서울시 강남구 역삼2동)

내겐 두 명의 아들이 있단다. 작은아들은 외딴곳에서 수련중이고, 큰아들은….

아저씨, 왜 우세요?

생각이 안 나!

네에~?

강력한 마법의 힘이 그 아이의 기억을 세상에서 지워버렸어. 심지어 아빠인 내 머릿속에서도….

어떻게 그런 일이…!

이젠 그 애를 길에서 마주쳐도 못 알아볼 거야. 그 생각만 하면 가슴이 찢어질 것 같아….

〈델〉 가문의
큰아들….

〈생명의 동굴〉이
어디 있느냐고?

그걸 내가 어떻게
알겠느냐? 그곳은 신들의
영역인 것을….

아저씨도
모르세요? 그럼
도대체 누가 알죠?

〈코믹 메이플스토리〉를 통해 전하는 내마음! ♥
BBQ에 당첨이 되어 우리 식구들 모두 맛있게 먹었습니다. 정말 기쁘고 참 좋았습니다.
참! 1학년인 제 동생은 〈코믹 메이플스토리〉를 보면서 글자를 많이 알게 되었습니다.
우리 식구들 모두 다 〈코믹 메이플스토리〉 왕팬이에요!!^^ (정준범 | 경남 양산시 중부)

자이언트 우드 님이 아실 텐데,
그분은 돌아가셨고….
아! 세계수 님도 아실 게다.
아우의 터전을 모르실 리
없을 테니….

세계수 님도
돌아가셨어요.

음… 그렇다면…,

세계수 님의 딸인
너밖에 없겠구나.

네 눈에서 그분의
기운을 강하게
느꼈단다.

슈미를 첫눈에
알아보시다니…! 역시
미나르숲의 대마법사
님다워.

〈생명의 동굴〉…?
전 모르는데요…?

가만, 이리 가까이 와 보렴.
이럴 수가…!

〈지혜의 눈〉이 심한 상처를 입었으니 기억을 못 할 수밖에…

가짜 세계수의 짓이에요!

그 뒤로 애가 이상해졌어요.

어떨 땐 바우보다 더 멍청하다니까요~.

뭐?!

〈생명의 동굴〉은 나바이어와 함께 세계수 님 남매가 이 땅에 처음으로 자리잡은 곳이다. 그런 장소를 딸에게 가르쳐주지 않았을 리 없지.

맞는 말씀이야. 하지만 슈미가 기억을 못 하니….

오늘은 늦었으니 그만들 자거라. 다른 방법이 있는지 좀 더 생각해 보자꾸나.

네…, 안녕히 주무셔요.

너무 피곤하다….

하암~

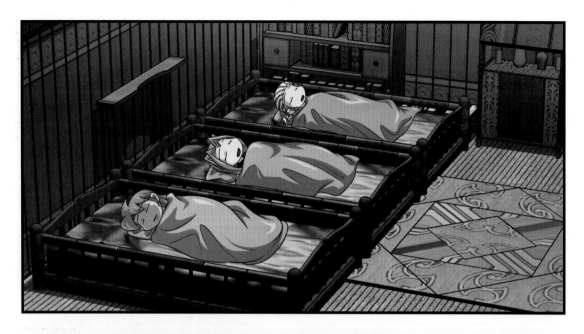

흑태자
꿈을 꿨어.

으으...,
아니야, 이것도 아니야!

그렇다면 방법은….

맥스 아저씨….

무슨 일이냐? 잠자리가 불편했니?

아뇨…, 말씀드릴 게 있어서요.

제겐… 세상에서 저를 가장 아껴준 아주 친한 남자 친구가 있었어요.

그런데?

생각이 안 나요!

델…!

그 애 이름이 '델' 로 시작하니?

잘 모르겠어요.

근데 이상하게… '델' 이란 말만 들으면 가슴이 마구 뛰어요. 혹시 아저씨의 큰아들이….

네 친구일지도 모른다는 거냐?

깜짝

네, 아저씨 작은아들 말이에요…, 형을 닮았겠죠?

아무래도 형제니까….

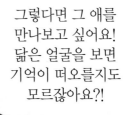

그렇다면 그 애를 만나보고 싶어요! 닮은 얼굴을 보면 기억이 떠오를지도 모르잖아요?!

그건… 힘들 게다. 작은애는 지금 외딴곳에 틀어박혀 수련중이거든.

잠깐 얼굴만 확인하면 돼요!

글쎄다, 그 애 있는 곳이 워낙 높아서….

애,
꼬마야…!

그러니까 하늘둥지에
그 애가 있단 말이죠?

그래, 한 달 후엔
내려올 예정이니,
그때까지
기다렸다가….

아뇨!
전 1분도 더 못
기다리겠어요.

〈코믹 메이플스토리〉를 통해 전하는 내 마음! ♥

친구와의 깊은 우정을 보여주고, 가끔씩 슬픈 장면이 나와서 마음이 찡해요~!
(김대진│광주광역시 북구 삼각동)

드래곤마스터?
그게 뭐지?

참, 걔 이름이
뭐예요?

델리코!
델리코란다—!!

기다려라, 델리코!
바우 누나가 올라갈 테니!

영차—

아, 드디어…!

하늘둥지에 도착했다~!!

두둥

척 척

아이고…

척 척

후들후들 떨리네….

착 착 착

다리가…

척 척 척

〈코믹 메이플스토리〉를 통해 전하는 내 마음! ♥

저는 매일 자기 전에 〈코믹 메이플스토리〉를 읽는데 너무 재미있어서 잠이 다 깨버립니다.
작가님들, 힘내세요! (이자룡 | 강원도 원주시 소초면)

델…

무례한 침입자여,
그대의 정체를 밝…!

이런 괘씸한…!!

내 양탄자~!!

〈코믹 메이플스토리〉를 통해 전하는 내 마음! ♥

열심히 읽다 보면 어느새 끝나서 항상 아쉽지만, 보면 볼수록 재미있어서 그림을 관찰하며
자꾸 읽게 됩니다. 나만의 보물 1호!! (이동빈 | 광주광역시 남구 방림2동)

안 되겠어!

드래곤의 힘으로 네
무례함을 *징벌…!

*징벌 : 나쁜 짓을 한 사람한테 벌을 주는 것.

갑자기
왜 이러지…?

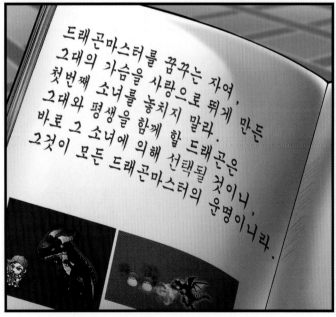

드래곤마스터를 꿈꾸는 자여,
그대의 가슴을 사랑으로 뛰게 만든
첫 번째 소녀를 놓치지 말라.
그대와 평생을 함께 할 드래곤은
바로 그 소녀에 의해 선택될 것이니,
그것이 모든 드래곤마스터의 운명이니라.

이게 무슨 소리야?
사, 사랑이라니…!
가슴이 뛰긴 했지만
그건 사랑 때문이 아니라고!!
근데… 왜?

웃으니까
더 예쁘다….

내가 미쳤지!
난 운명을 거부할 거야!!

그것참~ 매너 없네.
시끄러워서 잠을
잘 수가 없잖아!

뭐라고? 너야말로
매너가 발바닥…!

아얏—!!

우리 형 알아…요?

아니.

형 친구한테 어디서 반말이야? 누나라고 불러! 바우 누나!!

뭐야? 장난해?!

더 괴롭다고….

그래서 더 괴로워. 보고 싶어 죽겠는데 아무것도 모르겠고, 아무 기억도 안 나니까…

〈코믹 메이플스토리〉를 통해 전하는 내 마음! 🖤
〈코믹 메이플스토리〉는 정말 환상적입니다. 한 권 한 권 사다 보면 어느새 제 마음이
보석으로 가득 찬 기분입니다. 모든 캐릭터들이 다 소중하고 사랑스러워요~.
(이유진 | 서울시 서대문구 연희2동)

바우야, 하늘둥지에 갔었다며?

델리코는 만났느냐?

네….

그 아이를 보니 기억이 떠오르더냐?

추억

하지만 믿음은 더 강해졌어요!

아저씨의 큰아들,
델리코의 형은 제가 찾는
그 친구일 거라는 믿음요!

그래, 우리 믿음을
잃지 말자. 그럼 언젠가
꼭 만날 수 있겠지.

바우야, 아저씨께서
〈사제의 숲〉이란 곳을
알려주셨어.

〈사제의 숲〉?

그곳에 가면
샘이 하나 있는데,
그 물을 마시면
슈미의 기억이
되살아날 거래.

인연이 없는 사람 눈엔
띄지 않는 신비한
샘이란다. 하지만
너희라면 틀림없이
찾아낼 거다.

〈코믹 메이플스토리〉를 통해 전하는 내 마음! ♥

우리 가족이 함께 보는 〈코믹 메이플스토리〉!! 학교에서도 모르면 간첩!!
〈윤예지 | 충남 천안시 쌍용동〉

자, 어서들
출발하거라.

맥스 아저씨,
감사했습니다~!!

잠깐…!!

델리코…!

아저씨의
작은아들이야.

아빠…,
저도 떠나야겠어요.

떠나다니?

저만의 드래곤을 찾으러요….

행운을 빈다, 아들아.

저는…, 델리코라고 합니다. 형님과 누나들의 모험에 끼워 주실 수 없을까요?

부탁드립니다!

〈코믹 메이플스토리〉를 통해 전하는 내 마음! 💜

언제나 나에게 기쁨과 슬픔을 전해주는 감정통신 책! 〈코믹 메이플스토리〉야~! 고마워~!! (박승현 | 전남 여수시 안산동)

델리키,
교대해줄까?

필요 없어.

*밥맛없는 너희들
틈에 끼어 걷느니
이게 낫다.

델리키라고?

네, 쟤 이름이에요.

어디 출신이지?

그게요~, 쟤는 기억을
잃어서 아무것도
모른답니다.

*밥맛없다 : 아니꼽고 기가 차서 상대하기 싫다.

다 까먹었대요~!!
되게 웃기죠?

그게
웃을 일이냐?

저게…!!

비슷한 이름을 가진
마법사들이 하늘등지에
오래 전에 살았었는데…
지금도 있는지
모르겠군.

그래요?
어떤 이름인데요?

〈델〉 가문!

Quest 183 돌사람의 눈물

지금
뭐라고 했어요?
〈델〉 가문이요?

그래.

그렇다면
혹시…!

아주 오래 전 일이야.
지금도 그곳에 살지는…

하늘둥지로…?
안 돼!

왜 그래?

갑자기 배가…!

남들의 두 배 먹을 때부터 알아봤다….

어디 가?! 나 아픈 거 안 보여?

그래서 어쩌라고!!

<마법의 뇌>가 필요 없나 보지?

개인행동은 안 돼! 꼬맹이들 눈에 띄어 내 계획이 틀어지기라도 하면…

너희 둘의
목숨으로 갚아야
할 거다!

델리키, 서두를 거 없잖아?
어차피 하늘둥지가
코앞인데 뭐….

이제
배 안 아프냐?

아이고~
배야~!!

나 응가 하고
올 테니까 늦더라도
여기서 기다려야 해!!

이왕이면 냄새
안 나게 멀리
가줄래?

급해!! 어서
하늘둥지로―!!

〈코믹 메이플스토리〉를 통해 전하는 내마음! ♥

정말 재미있습니다. 그래서 엄마와 함께 보고 있습니다. 울 엄마 최고!!
감사해요~ 엄마 ♥ (김민재 | 광주광역시 광산구 운남동)

버섯을 너무 많이 땄나? 아니지, 말려뒀다가 델리코가 돌아오면….

사악한 기운!

흑마법 방어막!

팡

누구냐?

죄송한데요, 제가 너무 급해서 질문 먼저 할게요!

뭐?

혹시… 〈델〉 가문이세요?

그래, 내가 〈델〉 가문의 맥스다. 그걸 왜 묻지?

혼테일 말이 맞잖아?!

그럼 혹시…
잃어버린 아들이….

우리 큰아들!
그 애를 아느냐?

맙소사!!
걱정했던
대로야.

그 애 이름이…

델리키 아닌가요?

모… 모르겠다. 기억이
나질 않아. 하지만
직접 만난다면….

기억이 되살아날지도
모른다는 거죠?

애야, 제발 내 아들을
만나게 해다오!!

괜찮니…?

어서 그 방어막부터 푸세요!

이제 됐다, 미안하구나…

일단 저 좀 부축해 주세요.

쯧쯧, 경솔하셨네요.
아무리 아들이
보고 싶다지만…

대마법사님께서 그렇게
아무한테나 심장을 무방비로
드러내시다니…. 덕분에
석화(石化) 마법을
제대로 걸었답니다.

왜 이런 짓을…!!

델리키가 아저씨를
만나 기억을 되찾으면
안 되니까요! 그럼 제가
델리키를 협박해서
계속 부려먹을 수가
없거든요~!!

해… 해독제…!!

엥?

〈코믹 메이플스토리〉를 통해 전하는 내 마음! ♥
전 아루루가 정말 좋아요~. 특히 친구들을 위해 희생하는 모습~!! 송도수, 서정은 작가님,
그리고 편집부 언니들!! 재미있는 〈코믹 메이플스토리〉를 만들어주셔서 감사합니다~!!
(진언희 │ 부산시 서구 부민3가)

지금 일은 비밀로
해주실 거죠?

왜 그래야 하지?

제가 세계수의 딸이
어디로 갔는지
알고 있으니까요!

〈생명의 동굴〉 위치는
슈미의 기억 속에 있었어요.
〈사제의 숲〉에 있는 샘물을
마시면 기억이 되살아
난다니까 그쪽으로
간 거라고요—!

아저씨가 메모지에
적어 놓은 걸 책상에서
찾아냈답니다.

어때요, 이제
이유가 됐나요?

혼테일 님,
저 좀 도와주셔요!

진짜 멀리 갔나 보네…. 근데 혼테일은 어디 간 거지?

가만…, 지금 우리 둘밖에 없잖아?

저기…, 얘기 좀….

뭔지 알아. 나만 협조해주면 도망칠 수 있다는 거지?

헉!

델리키, 함께 도망쳐서 내 친구들한테 가자! 걔네들이 착한 애들이란 건 너도 잘 알잖아, 응?

글쎄…, 착한 네 친구들이 내 기억도 찾아줄까?

〈코믹 메이플스토리〉를 통해 전하는 내 마음! ♥
저도 이런 흥미진진한 모험을 꼭 한 번 해보고 싶어요~!! 언제나 〈코믹 메이플스토리〉는 희망과 기쁨을 줍니다. (조준영 | 서울시 강남구 대치2동)

어~림없지.
네 기억을 찾아줄
사람은 오직
나뿐이야.

어휴~
〈마법의 뇌〉만 아니어도….
그렇다고 〈기억의 스캔〉 스킬을
사용할 수도 없고….

얄미운 겻! 나 없는 사이에
델리키한테 접근을 해?

출발한다.

벌써요?
조금만 더 쉬었다
가요!

되도록 시간을 끌어
친구들과 거리를
벌리려는 네 속셈은
알지만…

더 이상은 안 돼!

흥, 너희 앞으로
둘을 붙여놓나 봐라!

이리 내!
내가 할 거야!

마을이
텅 비었네…?

두리번

다각   다각

저…, 하늘둥지에 〈델〉 가문이 산다고 했잖아요.

아주 오래 전 일이야. 내가 긴 잠에 빠지기 전….

아유~, 그럼 지금까지 살 리가 없지~.

내가 직접 찾아봐야겠어!

후딕

나도…!

후딕

덩

아…! 아무도 없어….

후다닥

눈물을 흘려…!

헛소리 그만 하고
빨리 나와!!

확

추 다 닥

〈사제의 숲〉으로
간다!

〈코믹 메이플스토리〉를 통해 전하는 내 마음! ♥

스릴 넘치는 모험이 정말 재미있어요. 앞으로도 더 많은 〈코믹 메이플스토리〉를 재미있고 멋지게 만들어주세요! (윤희진 | 경북 포항시 남구)

너희들 제삿날~!

몽짜!

우와, 제삿날이면 먹을 거 많겠다~!

바우야….

이게
무슨 소리지?

사악한 정령을
소환하는
주문이에요!

걱정 마. 정령은
정령계에서나 힘쓰는 거지,
여긴 현실계라고.

하지만 현실계와
정령계의 생물이
합체하면 얘기가
달라져요. 이건 소환에
이어 합체를 지시하는
주문이라고요!!

저, 저길 봐요!!

몽짜, 너! 또 무슨 수작을
부리나본데, 우리한텐
안 된다는 거
아직도 몰라?!

그건 그래.
나도 몽짜는
하나도
안 무서워.

금강 펀치!!

사라졌어…!

<《코믹 메이플스토리》를 통해 전하는 내마음! ♥

우리도 할 수 있다! 도전을 시작할 때면 큰 두려움을 느끼지만, 큰일을 해냈을 때는
뿌듯함을 느껴요. 모두 파이팅!! (남수민 | 부산시 진구 개금3동)

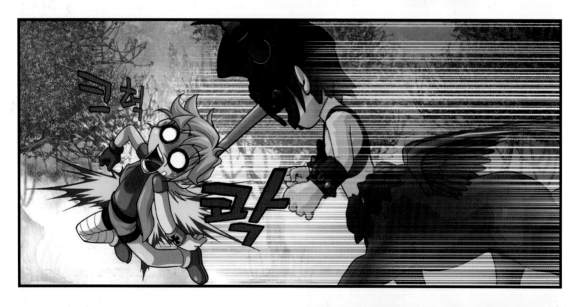

받아랏—!!

〈코믹 메이플스토리〉를 통해 전하는 내 마음! ♥

앞으로도 더욱더 재미있는 〈코믹 메이플스토리〉 만들어주세요~. 모두 힘내세요!!
(조인영 | 경남 양산시 물금읍)

이럴 수가…!

갑자기 나타났다가
눈 깜짝할 사이에
사라졌어!

도도, 어떡해….

저기 좀 봐!!

크큭~, 정신없지?

솟아라!

〈코믹 메이플스토리〉를 통해 전하는 내 마음! ♥
〈코믹 메이플스토리〉를 보면서 TV만 보던 버릇을 고쳤습니다. 무뚝뚝한 저에게
웃음과 창의력을 준 고마운 〈코믹 메이플스토리〉!! 앞으로 쭉~ 나오면 좋겠어요.
(백승환 | 서울시 구로구 신도림동)

아, 아만타디움…!!

그리프, 어서
끝장내!!

〈코믹 메이플스토리〉를 통해 전하는 내마음! ♥

〈코믹 메이플스토리〉를 처음 봤던 날부터 지금까지 계속 보고 있습니다. 〈코믹 메이플스토리〉를
만들어주시는 많은 분들~ 감사해요~! 정말 재미있어요!! (정예린 | 경기도 수원시 장안구)

오냐,
덤벼라!

도도, 안 돼!

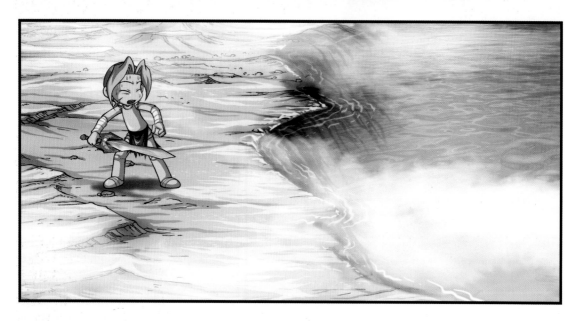

짐~
짐~

지금의 넌 그리프를
이길 수 없어.
일단 연못 속으로
들어와.

어디서 나는 소리지?
대체 누구야?

〈코믹 메이플스토리〉를 통해 전하는 내 마음! ♥
〈코믹 메이플스토리〉덕분에 저는 우리반 인기짱이 되었답니다. 아이들에게 설명도 해주고
빌려주기도 하는 사이 친구가 많이 생겼어요. 〈코믹 메이플스토리〉야, 고마워!
(오나네 | 서울시 서초구 양재동)

분명히 누군가
날 불렀는데…?

아무도 없잖아!!

〈코믹 메이플스토리〉를 통해 전하는 내 마음! ♥

너무 재미있어서 계속 보고 싶어요! 엄마가 안 사주신다고 해도 제 용돈을 탈탈 털어서
사고 싶은 책! 앞으로도 더 재미있게 만들어주세요~! (홍성경 | 경기도 고양시 일산서구)

몸은 어떠세요?

괘, 괜찮아요.

다행히 상처가 잘 치료된 모양이네요. 그리프의 뿔은 독성이 있어서 위험하거든요.

그런데 여기가 어디죠?

〈사제의 숲〉 연못 속에 있는 금붕어 궁전이랍니다.

어린 금붕어들을 보살피는 곳이죠.

궁전이요…?

대모님~ 납시오~!

쏙

이렇게 살아있을 줄이야…!!

나, 네 덕분에 다시 생명을 얻었어.

게다가 내 희생을 *갸륵히 여긴 원로님들의 추천으로 어린 금붕어들을 돌보는 대모까지 되었어.

*갸륵하다 : 착하고 장하다. 또는 딱하고 가엾다.

그럼 편히 있어 이야기를 나누시어요. 곧 식사를 준비하겠습니다.

그래, 고마워.

아르웬, 난 지금 그럴 시간이 없어. 위험에 처한 친구들에게 빨리 돌아가야 해!

하지만 도도, 그건 너무 위험한 일이야.

그리프가 유니콘의 변종인 건 너도 알지?

네가 상대할 귀마 그리프는 사악한 마음을 품은 켄타우로스와 유니콘의 변종인 그리프가 흑마법으로 합체한 거야!

유니콘의 힘은 뿔에서 나온다고 들었는데, 그럼 그리프도…!

그래, 눈 깜짝할 사이에 정령계와 현실계를 오가는 신통력도 그 뿔에서 나오는 거야.

너무나 까다로운 상대지.

그래서 물리칠 방법이 없다는 거야?

내가 그 녀석을 쫓아 정령계로 쳐들어가면 어떨까?

마법사들이 영혼을 분리해 정령계로 들어가듯이 요정인 네 신통력으로 나를 도와주면….

안 돼! 현실계에선 네가 강할지 몰라도 정령계에선 힘 없는 영혼에 불과해.

내겐 아만타디움이 있어! 정령계에서도 틀림없이 날 지켜줄 거야.

불끈

〈코믹 메이플스토리〉를 통해 전하는 내 마음! ♥

〈코믹 메이플스토리〉 그림은 마치 살아있는 것 같아요. 저는 〈코믹 메이플스토리〉 덕분에 그림 그리는 취미가 생겼어요. 〈코믹 메이플스토리〉~, 포에버!! (이주연 | 경기도 광명시 철산3동)

하지만 도도….

시간이 없어, 아르웬!
제발 부탁이야!

네 뜻이
정 그렇다면….

이건 대모를 상징하는
〈무지개비늘〉이야.

이걸 혀 밑에
머금고 있어.

대모님, 아니되옵니다!
목숨만큼이나 소중한 보물을…!

쉿!

도도 역시
그만큼 소중한
친구야.

아….

무지개비늘의
신통력이 널 정령계로
안내할 거야.

고마워, 아르웬.

도도, 잠깐!

정령계에 오래
있으면 안 돼. 기운이
빠지는 걸 느끼는
즉시 빠져나와야 해.
잘못하면 그곳에 영원히
갇히게 될 거야.
명심해, 도도!

뭘 그렇게 봐?

부, 분명히 30분 넘게 물속에 있었는데…?

내가 원래 잠수를 잘하거든~.

이 질긴 놈—!! 이번엔 확실히 끝내주마!

그건 내가 할 말이다—!

<코믹 메이플스토리>를 통해 전하는 내 마음! ♥
일단 책을 펼치면 잠시도 눈을 뗄 수 없는, 내가 아는 책 중에서 제일 재미있는 책!!
<코믹 메이플스토리>를 보고 있으면 주위의 어떤 말도 안 들려요. ^^;
(최근진 | 경기도 부천시 원미구)

크큭…, 지금쯤
우리를 찾고 있겠지?
이제 다시 돌아가
혼구멍을 내주자고…!

〈코믹 메이플스토리〉를 통해 전하는 내 마음! ♥
〈코믹 메이플스토리〉는 시간이 갈수록 주인공들이 더욱 예뻐지고 더욱 커가는 것 같아요.
다른 책들은 많이 만들어져도 주인공들이 커가는 걸 모르겠는데, 역시 〈코믹 메이플스토리〉는
특별해요. 그래서 전 〈코믹 메이플스토리〉가 정말 좋아요!! (정수희 | 충남 홍성군 홍성읍)

후유~, 벌써
기운이 빠지네.
어서 돌아가야해….

가긴
어딜 가?!

이런 데서 만나다니, 너무 반갑다~!

뚱스턴!

야! 못생긴 돼지 정령, 좋은 말 할 때 꺼지시지?

돼, 돼지?

아니면 하마인가? 그게 그거지 뭐.

얘들아—!!

부르셨습니까,
길드마스터 누님?

여우 길드의
동생들이야. 평소엔
한없이 순한
녀석들이지만…

악당을 만나면 사납게
돌변하는 특징이 있지.

전혀
순해보이지 않는데….

누님, 저 녀석이 대체
무슨 짓을 했습니까?

혹시 누님의
눈부신 미모를
깎아내리기라도…?

바로 그거다.
나보고 못생긴 돼지래.

이런 죽을 죄를…!!
누님, 절대 용서
못 합니다!!

그리프 뿔에 다친
상처에는 그리프의
뿔을 가루내어 물에
타서 먹이는 게
특효약이야.

마치 악몽을
꾼 것 같아….

엇, 저기!

두둑

얘들아, 잠깐만—!

싸움은 끝난 것 같은데…, 아직 볼일이 남았나?

너희들에게… 사과하러 왔어.

츠슉

몽짜의 꼬임에 빠져 그리프와 합체하긴 했는데… 얼마나 후회했는지 몰라. 영원히 흉측한 괴물로 남을까봐 무섭기도 했고…

저도 사과할게요. 혹시라도 아빠가 켄타우로스족의 명예에 폐를 끼친 일이 있다면 부디 용서해주세요.

카이린…

대장의
원래 마음은
착했었나봐.

그러게~.
꼬여낸 몽짜가
나쁜 놈이지.

도도, 근데 귀마 그리프를
어떻게 물리친 거야?

그래,
너무 궁금하다~!!

그게…,
얘기하자면 긴데….

내가 이야기 해줄까?

아, 아르웬!!

〈코믹 메이플스토리〉를 통해 전하는 내 마음! ♥
〈코믹 메이플스토리〉가 새로 나오면 구입해서 친구들에게 빌려주는데 친구들과
한마음이 되어서 참 좋아요. ^^ (김윤겸 | 경기도 안산시 초지동)

설마 유령은 아니지?
너무 반갑다~!

너 살아있었구나!!

밀린 이야기를
나누기 전에, 먼저
〈기억의 샘물〉부터
먹어.

우리가 이것 때문에
왔다는 걸 어떻게 알았어?

〈사제의 숲〉은 금붕어 요정들의
보금자리야. 숲에 들어온 이들의
마음을 우리는 다 알아.

그럼
내가 엄청
배고프다는
것도…?

슈미야, 어서 마셔.

이걸 마시면 모든
기억이 되살아나?

아니, 〈기억의 샘물〉은
간절히 원하는
단 한 가지의 기억만
되살릴 수 있어.

〈생명의 동굴〉을
찾고 싶어요.

벌컥

벌컥

아…, 졸려….

한숨 자고 나면
기억이 되살아나
있을 거야.

손님들께
식사를 대접하거라.

아싸~!

네, 대모님.

대모님이래!

촉 촉─

엄마…!

촉촉

〈코믹 메이플스토리〉를 통해 전하는 내 마음! ♥
저는 엽서를 처음 보냅니다. 저도 이런 책을 만드는 작가가 되고 싶어서 이 책을 참고하고
있습니다. 참으로 흥미진진하고 손에 땀을 쥐게 하더군요! 〈코믹 메이플스토리〉여~,
영원하라!!! (이유진 | 대구광역시 수성구 수성1가)

꿈속에서 세계수 님을 만나고 있나봐.

슈미야, 벌써 깼어?

떠올랐어. 엄마가 〈생명의 동굴〉을 가르쳐줬어!!

어딘데?

응, 〈용의 숲〉을 지나….

쉿!

입 밖에 내지 말고 마음속에 잘 간직해둬.

쳇, 얄미운 것…!

그리고 이거….

아니야, 그건 네가 가져가.

뭐?

이건 대모를 상징하는 보물이라면서….

앞으로도 네 앞에 상상할 수 없는 많은 어려움이 있을 거야.

모험을 무사히 마친 후, 우리가 다시 만날 때 돌려줘.

아르웬….

거참, 오래도 얘기하네~!

쟤네 둘이 예전에 사귀었거든.

정말?

말도 마~!! 완전 닭살이었어!

슈미야…!!

얼른 와! 우리 바빠! 꾸물댈 틈 없거든!

아, 알았어. 잘 있어, 아르웬!

자, 잘 가!

피곤하니 좀 쉬었다 가요.

진짜 웃겨! 당나귀 타고 가는 네가 피곤하면 우린 뭐냐?!

나는 너처럼 막 자라지 않아서 몸이 약해.

아유~, 혼테일만 아니면 그냥~!

빨리 도망쳐야 할 텐데, 도무지 기회가 없네.

잠깐 쉬었다 가자.

《코믹 메이플스토리》를 통해 전하는 내 마음! ♥

전… 《코믹 메이플스토리》를 사랑합니다. 앞으로도 열심히 재미있게 만들어 주세요. ^^
많은 친구들에게 강추하는 《코믹 메이플스토리》!!! (유나연 | 서울시 은평구 응암2동)

헉,
이게 누구야?

혼테일 님!

여긴 웬일이지?

저야, 여기저기
떠돌다…, 아무튼
너무 반갑네요!

쳇….

쟨 몽짜라고 하는데,
비열하고 못된 녀석이야.
너도 마음에 안 들지?

졸 졸

자꾸 친한 척하지 마. 난 네 편 아니니까.

알았어….

근데 하늘둥지 갈 때 말이야….

라케니스가 왠지 꾀병 부린 것 같지 않아?

뭐?

배탈 났다면서 어딜 다녀왔을 수도 있잖아. 난 두 사람이 함께 돌아온 게 자꾸 마음에 걸려.

그럼 네 생각엔 라케니스가….

내 생각엔…,

하늘둥지에 미리 다녀왔을 수도 있다는 거지.

거긴 왜?

〈코믹 메이플스토리〉를 통해 전하는 내 마음! ♥
제가 읽었던 많은 책 중에 이 〈코믹 메이플스토리〉가 제일 재미있는 것 같아요.
앞으로도 영원히 끝나지 않았으면 좋겠어요. 〈코믹 메이플스토리〉 힘내삼!!! ^^
(이지은 | 서울시 강서구 등촌동)

남아 있는 〈델〉 가문의
흔적을 지우기 위해!

하지만 증거는 없어.
다만 라케니스는 그러고도
남을 인간이라는 거지.

꼬맹이들을 쫓는
거라면 저한테 맡겨
주세요. 걔네들은
〈용의 숲〉으로…

델리키, 어디 가?

주카의 말에도
*일리가 있어. 하지만
주카도 날 꾀어 탈출
하려는 것이니까
믿을 수 없어.

*일리 : 어느 정도 타당하다고 생각되는 이치.

그렇다고
혼테일이나
라케니스를
믿을 수도 없고….

아…, 이럴 때
마음을 터놓을 수 있는
내 편이 하나라도
있다면….

아, 매직펫!
내가 왜 그 생각을
못 했지?

영리하고
충성스런 녀석으로
소환해야지.

〈코믹 메이플스토리〉를 통해 전하는 내 마음! ♥

〈코믹 메이플스토리〉는 저의 웃음공장입니다. 모두 모아놨다가 나중에 저의 후손들에게 대대로
물려줄 거예요~. 내 보물 1호 〈코믹 메이플스토리〉!!! (박정우 | 경기도 고양시 일산서구)

그 골치아픈 녀석이 다시 소환되는 일은 반드시, 기필코, 절대로 없어야 해!!

정령계 접속…. 여우 사이트는 피한다. 혹시 늑대로 위장했을지도 모르니까 늑대 사이트도 피한다. 아니, 포유류는 모조리 피한다.

그럼 조류? 살찐 새로 변장할 수도 있으니까 그것도 위험해. 그럼 파충류? 양서류? 어류?

아, 이것저것 피하려니까 너무 힘드네. 대체 내가 왜 이런 생고생을….

흑태자 오빠!

이, 이게 뭐야?
난 소환 안 했는데…?!

으응, 오빠가 정령계에 접속했다는 정보를 듣고 내가 그냥 알아서 나왔어. 어차피 날 소환하려는 거였잖아~!

말도 안 돼!! 접속자가 소환 명령도 안 내렸는데 어떻게 나와!!

에이~, 우리 사이에 그런 형식이 뭐가 중요해? 중요한 건, 오빠가 나를 간절히 원했다는 거지~.

아니, 나 이거 정식으로 정령계에 항의할 거야!

오빠, 이제 그만하지? 나 섭섭해지려고 하거든!!

 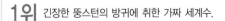

어쨌든 이건 안 돼!
소환 취소야!

그래서…!!

ㄱ 모 ㅗ ㅗ

지금 나보고
다시 들어가라~?

아니, 내 얘기는…
규칙을 지키자는….

결론만 말해!
그냥 있어?
들어가?!

그, 그냥 있어…,
있어….

여러분, 안녕?

뚱스턴!

이 아줌만 누구지?

철~컥

뚱스턴, 참아!

저건 혼테일이야! 마룡 혼테일!

가뜩이나 짜증나는데 너 딱 걸렸어!!

맙소사…!

여길 통과하라고…?

*심란하다…. 나도….

왜들 이래? 모두 힘내자고!

*심란하다 : 마음이 어수선하다.

그런데 이 비릿한 냄새는 뭐지?

드래곤의 냄새예요.

〈용의 숲〉이니까요.

그 얘길 들으니까 더 심란하네.

출발—!!

촥

〈메이플 36권〉 앙케이트 "부모님께 가장 받고 싶은 선물은?"

스톱이라고 몇 번이나 말해, 이 멍청한 녀석! 명령어를 또 까먹은 거냐?

이 발 치워! 어서 치우라고!

애독자엽서 당첨을 축하합니다!! *선물은 12월 30일까지 보내드립니다

• 공기원 경남 창원시 상남동 • 전상건 경기도 안성시 금산동 • 윤용준 경기도 수원시 권선구 • 황지민 경기도 일산시 동구 • 김예영 경기도 평택시 합정동 • 이지연 경기도 용인시 마북동 • 김규리 경기도 용인시 상현동 • 박명진 부산광역시 북구 구포2동 • 장재혁 부산광역시 수영구 수영동 • 전수지 경북 포항시 남구 • 김서라 전남 여수시 여서동 • 김유진 서울시 서초구 우면동 • 이현욱 대구광역시 달서구 송현1동 • 문예슬 경북 김천시 감문면 • 김채환 전남 순천시 연향동

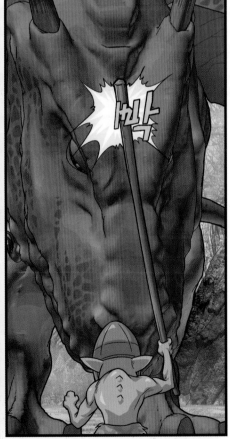

애독자엽서 당첨을 축하합니다!! *선물은 12월 30일까지 보내드립니다

• 박은지 경기도 안산시 단원구 • 남동현 울산광역시 중구 반구동 • 문성빈 부산광역시 사상구 주례동 • 김대진 광주광역시 북구 삼각동 • 남수민 부산광역시 진구 개금3동 • 조인영 경남 양산시 물금읍 • 정예린 경기도 수원시 장안구 • 최은지 강원도 철원군 서면 • 김희연 전북 익산시 어양동 • 박정우 경기도 고양시 일산서구 • 오민근 대전광역시 서구 둔산동 • 노현석 울산광역시 북구 호계동 • 김동현 경기도 안양시 평촌동 • 김소정 경기도 구리시 토평동 • 이과메 경기도 남양주시 화도읍

쯧쯧, 우냐?

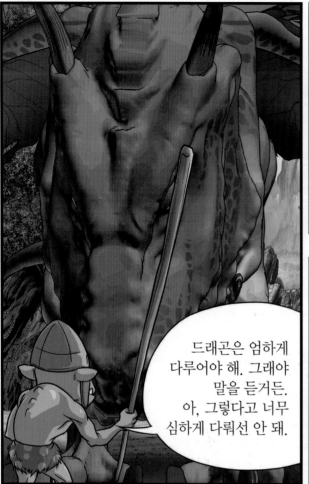

드래곤은 엄하게 다루어야 해. 그래야 말을 듣거든. 아, 그렇다고 너무 심하게 다뤄선 안 돼.

그러길래 내가 뭐랬어? 명령어를 제대로 외우랬지?

저… 누구신지 여쭤봐도 될까요?

아, 내 소개가 늦었군.

난 〈핀호브〉 라고 한다.

드래곤 직거래 전문업체 〈드래곤 나라〉

대표 **핀호브**
드래곤 분양 & 중매 & 훈련 전문
우수 품종 드래곤 판매
두 마리 분양시 한달치 사료 드림

이 근처에 우리집이 있단다.
이렇게 만난 것도 인연인데
가서 같이 식사라도….

김사합니다~!!

속닥

속닥

〈코믹 메이플스토리〉 36권을 마감하며! ♥
독자 여러분 감사합니다~!! 여러분의 사랑 덕분에 〈코믹 메이플스토리〉가 1000만부를 돌파하였습니다.
애독자 엽서를 읽을 때마다 감동, 또 감동이에요~!ㅠㅠ 여러분의 바람처럼 저도 쭉~ 코메가 나오길
바란답니다. Dreams Come True~♬ (편집부 푸니)

너!

네?

미안하지만 넌 우리집에 들어올 수 없다. 식사를 가져다줄 테니 여기서 먹도록 해라.

왜요?

드래곤은 아주 섬세하거든.

하긴~, 친구를 혼자 떼어놓을 순 없겠지. 모두 기다리거라. 식사를 가져오마.

드래곤과 아루루가 대체 무슨 상관? 코믹 메이플스토리 ㊳권을 기대해 주세요!

코믹 메이플스토리

왁자지껄

만화가 **서정은**의 **화실이야기**

이룰 수 있는 꿈

아들아!
너희들의 꿈은 뭐야?

전 토끼요!   난 상어!

사람이 토끼나 상어로
바뀔 순 없잖아.
이룰 수 있는 꿈을
가져야지!!

엄마, 아빠가 이룰 수 있는
꿈을 꾸라는데,
아빠는 어릴 때 꿈이
뭐였어요?

아빠의 꿈은…,

로보트 태권브이…

발라당

이루지 못한 꿈

선생님, 1000만부 돌파하신 것 축하드려요.
어려서부터 만화를 열심히 그렸다고 하셨는데
그 꿈을 이루셨네요~!!

어릴 때
TV만화영화를 보며
꿈을 키웠었지.

하지만
나이를 먹을수록
내 어릴적 꿈은
더욱더
멀어지더군.

로보트 태권브이!!

높이 56미터, 무게 1300톤
초강철로 만든…. 아…,
이루지 못한 꿈이여—!!

코믹 메이플스토리 내 솜씨 최고!

얀(pong_co) 님

신비로운 분위기의 주카를 그려주셨네요. 애달픈 주카의 표정과 곱게 모은 손,
날리는 장미꽃잎을 잘 채색하여 새벽의 호숫가와 같은 차분하고 환상적인
분위기를 잘 살려주셨습니다.

일요일(stargirl8) 님

할로윈데이를 맞아 메이플 친구들이
커다란 호박등 위에 앉아 있네요. 빗자루를 타고
하늘을 날아가는 마녀는 누구일까요? 배경과
인물의 배치, 자연스러운 데생, 명암을 잘 살린
꼼꼼한 채색까지 정말 잘하셨습니다.

소오단 (gosk5355) 님

무언가를 보고 깜짝 놀란 에아의 모습이네요.
인체의 비례도 잘 맞고 표정도 자연스럽네요. 무엇보다
물 흐르는 듯 반짝이며 흘러내린 머릿결과 주름진 옷의 굴곡을
자연스럽게 표현한 데생과 채색이 돋보입니다.

류진(dbwlgywll) 님

곤히 잠들어 있는 '슈미의 방' 문을 도도가 가만히 열어보고 있습니다.
커다란 침대와 폭신한 베개, 슈미의 흐트러진 머리카락과
토끼인형까지 부드럽고 편안한 느낌의 그림입니다. ^^

코오리 (borg21) 님

메이플 친구들이 입은 전통의상, 그리고
연꽃 모양의 머리장식이나 옷의 무늬에서
고풍스런 분위기가 물씬 느껴집니다.
머리카락의 섬세한 채색과 배경을 장식한
독특한 덩굴장식이 인상적이네요.

코믹 메이플스토리
다른그림찾기

아래 그림은 국내 최초 수학논술만화 〈수학도둑 13권〉의 표지입니다.
Ⓐ 표지와 Ⓑ 표지를 비교하여 다른 점 5가지를 찾아보셔요!
정답자 중 10분을 추첨하여 서정은 선생님의 친필 사인, 〈코믹 메이플스토리〉
만화원고원화, 편집부에서 준비한 소정의 선물을 집으로 보내드립니다.

✠ **행사 참여 방법** : 네이버 팬카페 http://cafe.naver.com/comixrpg에
　　　　　　　　　 접속하시면 대문에 '다른그림찾기 응모방법'에 대해
　　　　　　　　　 자세히 적혀 있어요.
✠ **행사 기간** : 2009년 12월 20일 ~ 2010년 1월 10일
✠ **당첨자 발표** : 2010년 1월 15일

〈코믹 메이플스토리 35권〉
다른그림찾기 정답

1. 닌텐도DS Lite (1명) 2. 닌텐도 DS 게임 〈리듬세상〉 (1명) 3 .닌텐도 DS 게임 〈소닉 러시〉 (1명) 4. 닌텐도 DS 게임 〈

8. 레고 도개교 방위 335조각 (2명) 9. 레고 군인의 요새 367조각 (2명) 10. 레고 해적선 592조각 (1명) 11. 도서문화상

와우!!

여러분의 사랑에 힘입어 〈코믹 메이플스토리〉가 1000만

그동안 함께 해 주신 여러분께 감사드리며, 앞으로도 더욱더 재미있고 유익한 작품

여러분을 위한 〈왕대박 선물 대잔치〉에 많이 많이 응모해주셔요!!! *당첨되신 선물

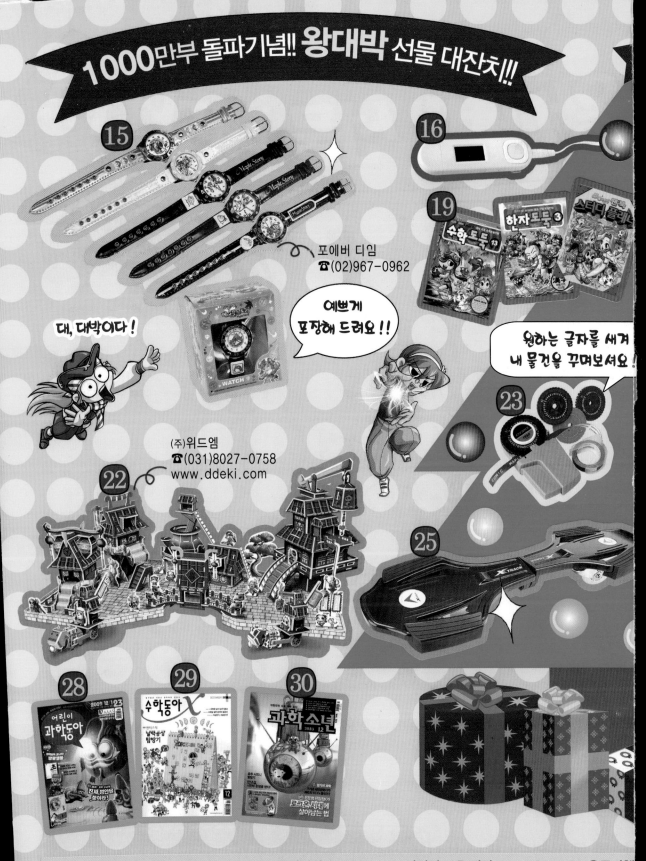

왕대박 선물 대잔치!!

멋지다!!

포켓몬스터 Pt 기라티나〉(1명)   5. 닌텐도 Wii (1명)   6. 어린이 야구 글러브 (2명)   7. 어린이 보호 헬멧 1개 (3명)

품권 1만 원 (5명)   12. 인라인 스케이트 1개 (2명)   13. 어린이 안전 야구공 세트 (2명)   14 . 어린이 안전 보호대 1세트 (5명)

뒷장에 계속▶

부를 돌파했습니다~!!

으로 보답할 것을 약속드립니다.

색상은 임의로 보내드립니다.

응모 방법 : 원하는 선물의 번호를 〈37권 애독자엽서〉에 적어서 보내주셔요.

응모 기간 : 2009년 12월 20일~2010년 1월 30일 (30일 날짜 우체국 도장까지)

당첨자 발표 : 〈코믹 메이플스토리 38권〉(2010년 2월 20일 출간 예정)